Martin Kaule
Arno Specht

Geisterstätten der NS-Diktatur

Vergessene Orte im Osten

Mit Fotos von Martin Kaule, Arno Specht
und Holger Happel (Berliner Unterwelten e.V.)

Jaron Verlag

Die Autoren
Martin Kaule: MK
Arno Specht: AS

Die Fotografen
© Berliner Unterwelten e.V. / Holger Happel: 31, 32, 33, 34, 36/37, 38
Martin Kaule: 7, 8/9, 10, 11, 12, 19, 20, 21, 22/23, 24, 25, 26, 27, 28/29, 30, 39, 40, 41, 42/43, 44, 45, 46, 47, 48, 49, 50/51, 52, 53, 54, 55, 56/57, 58, 65, 66, 67, 68/69, 70, 71, 72, 73, 74/75, 76, 77, 78, 85, 86, 87, 88/89, 90, 91, 92, 93, 94/95, 96
Arno Specht: 13, 15, 16/17, 59, 60/61, 63, 64, 79, 80, 82/83, 84

Originalausgabe
1. Auflage 2022

www.jaron-verlag.de
Umschlaggestaltung: Bauer+Möhring, Berlin, unter Verwendung von Fotos von Martin Kaule (vorn: Projekt »Riese«)
Satz und Layout: Prill Partners | producing, Barcelona
Lithographie: Bild1Druck GmbH, Berlin
Druck und Bindung: Druckhaus Sportflieger, Berlin

ISBN 978-3-89773-881-2

Inhalt

Vorwort 5

Die geheimen Stollen im Eulengebirge
Projekt »Riese« 7

Die Spuren des verlogenen Sportfests
Schwimmhalle im Olympischen Dorf Elstal 13

Das Schulungsobjekt des BDM
Jugenderholungsheim Endlerkuppe 19

Das versteckte Rüstungswerk an der Neiße
DSC-Werk »Wald« bei Forst 25

Die Trutzburg im Wedding
Flakturm Humboldthain 31

Rohstoffe für die Rüstung
Zinnwäsche Sauersack 39

Die Kaderschmiede im Harz
Napola Anhalt in Ballenstedt 47

Das weitverzweigte Bunkersystem im Untergrund
Festungsfront Oder-Warthe-Bogen 53

Die letzte Station des Giganten
»Maus«-Halle in Gut Kummersdorf 59

Die geheime Benzinfabrik in Westpommern
Hydrierwerk Pölitz 65

Die Ausbildungsbasis der Fallschirmspringer
Flugplatz Alt-Daber bei Wittstock 73

Die geheime Fabrik der Menschenschinder
Schickert-Werke Bad Lauterberg 79

Die Feier- und Weihestätte der Verführer
Thingstätte Annaberg 85

Das versteckte Flugzeugwerk im Untergrund
Untertageverlagerung »Malachit« 91

Vorwort

Es waren gerade einmal zwölf Jahre. Zwölf Jahre, die nicht nur Deutschland, sondern ganz Europa und große Teile der Welt an den Rand des Abgrunds und teils darüber hinaus brachten. Es waren zwölf Jahre, die verheerende Spuren hinterließen – vor allem in den Biografien von Millionen von Menschen und im Bild zahlloser verwüsteter Städte und Landschaften.

Die zwölf Jahre der NS-Diktatur hinterließen aber auch gebaute Spuren, die ganz im Sinne der Machthaber waren und die bis heute sichtbar sind. Denn in ihrem Größenwahn machten sich die Nationalsozialisten daran, ganz Deutschland ein neues Gesicht zu geben. Wie in allen totalitären Regimen war es ihr Ziel, alle Bereiche der Gesellschaft und des Alltagslebens zu erfassen – in der Kultur, in der Wirtschaft, in der Freizeit und eben auch in der Architektur. Neben brachialklassizistischen Repräsentationsgebäuden entstanden pseudo-heimelige Wohnanlagen, gigantische Industriekomplexe und natürlich unzählige Bauten für Militär und Rüstungsindustrie.

Über den angemessenen Umgang mit dem gebauten Erbe der NS-Diktatur wird bis heute leidenschaftlich diskutiert, und prominente Bauten aus jener Zeit zeigen unterschiedliche Vorgehensweisen auf: Manche – wie zum Beispiel das ehemalige Reichsluftfahrtministerium oder das Olympiastadion in Berlin – werden bis heute so genutzt, wie es ihre Erbauer geplant hatten. Andere – allen voran die Überreste des Reichsparteitagsgeländes in Nürnberg – wurden zu Gedenkstätten und auf eine teils museale, teils kritische Weise konserviert. Doch neben diesen prominenten Beispielen gibt es auch Bauten, die einfach sich selbst überlassen wurden – und die heute als marode Ruinen vom Untergang der NS-Diktatur zeugen. Um sie geht es in diesem Buch.

Wie in allen Bänden der seit 2010 im Jaron Verlag erschienenen »Geisterstätten«-Reihe werden in diesem Buch nun 14 dieser Ruinen beschrieben. Als Autoren standen wir dabei vor einer schwierigen Aufgabe: Einerseits sollten es wieder farbige Schilderungen werden, die den Eindruck wiedergeben, die der Besucher an diesen Orten aufnimmt. Gleichzeitig sollte auf keinen Fall durch eine verklärende Ruinen-Romantik der brutale und menschenverachtende Kontext ihrer Entstehungsgeschichte in den Hintergrund geschoben werden.

Auch die Auswahl der Orte war nicht einfach: Denn bereits in den früheren und regional definierten Bänden der Serie über Berlin (2010 und 2019), Dresden (2012), Leipzig (2013), Mecklenburg-Vorpommern (2015), Thüringen (2017), Sachsen (2018), Sachsen-Anhalt (2019) und Brandenburg (2019) tauchten zahlreiche Objekte auf, die einen direkten Bezug zur NS-Zeit haben. Da wir aber Dopplungen vermeiden wollten, haben wir Orte wie die Heeresversuchsanstalt Peenemünde oder den Goebbels'schen Landsitz am Bogensee in diesen Band nicht aufgenommen, obwohl sie sehr gut ins Konzept gepasst hätten.

Geografisch behandelt dieses Buch – wie bereits der andere thematisch angelegte Band der Serie, »Geisterstätten der Sowjets« (2019) – überwiegend die östlichen Bundesländer. Allerdings gibt es dieses Mal ein paar Abstecher nach Polen und Tschechien. Beschrieben werden teils touristisch erschlossene Objekte wie der Flakbunker im Berliner Humboldthain, Spuren der NS-Rüstungsindustrie wie die Halle des Kampfpanzers »Maus« in Gut Kummersdorf oder das unterirdische kilometerlange Stollensystem mit der einstigen Tarnbezeichnung »Malachit«, aber auch weniger bekannte Anlagen wie eine der größten Thingstätten des NS-Regimes oder ein Schulungsheim des Bundes Deutscher Mädel.

Nicht nur Hitlers Lieblingsarchitekt Albert Speer verfolgte den aberwitzigen Anspruch, für die Ewigkeit zu bauen. Gut 75 Jahre nach Ende der NS-Diktatur zeigt sich, dass dieses Ziel vermessen war. Auch die Relikte der NS-Zeit sind dem Verfall unterworfen. Ihre Mauern werden brüchig, Wasser und Wetter zersetzen früher oder später auch die monumentalsten Gebäude. Deshalb gilt hier das Gleiche wie für alle verlassenen Orte: Von Besuchen auf eigene Faust ist abzuraten.

Wie alle Bücher dieser Serie versteht sich daher auch »Geisterstätten der NS-Diktatur« nicht als Reiseführer im klassischen Sinne. Es ist eher eine Dokumentation – eine Dokumentation der vergessenen Relikte eines zwölf Jahre andauernden Wahns – eines Wahns, der leider immer wieder aufflackert.

Arno Specht

Die geheimen Stollen im Eulengebirge

Projekt »Riese«

Mit einem lauten Knall schließt sich das Tor hinter unserer Gruppe. Schritt für Schritt erkunden wir eine andere, ungewöhnliche Welt. Die Luft fühlt sich spätestens nach den ersten 50 Metern kälter und feuchter an. Meist sind die Wände nur grob behauen, doch immer wieder gibt es Bereiche, die mit Stahlbeton oder Ziegelsteinen verstärkt wurden – auf den ersten Blick ein Wirrwarr an Tunneln und Räumen. Sie stammen aus den Jahren 1943 bis 1945.

Wegen der damals fast täglichen Luftangriffe der Alliierten auf deutsche Städte, Verkehrsknoten und Industrieanlagen wurde die kriegswichtige Industrie im Deutschen Reich schrittweise an bombensichere Standorte »verlagert«. Da man mit dem Bau von Bunkeranlagen nicht

Märchenhafte Kulisse mit untergründigem Geheimnis: Schloss Fürstenstein

mehr hinterherkam, begann man, auch Gebirgsstollen in Deutschland und den besetzten Gebieten zu erweitern oder neu aufzufahren.

Zeugen berichten, dass bereits ab 1938 Gebiete um Wolfsberg (Włodarz) im schlesischen Eulengebirge gesperrt wurden, spätestens 1943 erhielt das Projekt »Riese« oberste Priorität. In Höchstgeschwindigkeit und unter Einsatz von vermutlich 20.000 Zwangs- und Fremdarbeitern entstanden in der ganzen Region zahlreiche Tunnel und Höhlen, in denen nicht nur für die Rüstung produziert werden sollte. Hier sollte auch ein weiteres, bombensicheres Führerhauptquartier entstehen, als möglicher Ersatz für die Wolfsschanze in Ostpreußen. Hinzu kamen Wohn- und Arbeitsquartiere für die militärische und politische Führung des Reiches. Verständlich, dass das Projekt höchster Geheimhaltung unterlag. Baupläne hat man nie gefunden, vermutlich wurden sie vernichtet. Selbst beteiligte Baufirmen, erst recht die Bewohner der Region wussten nicht, was hier wirklich geplant war. So entstanden Gerüchte, deren Wahrheitsgehalt kaum mehr zu überprüfen ist.

Nichts für schwache Nerven: Der »OP-Saal«

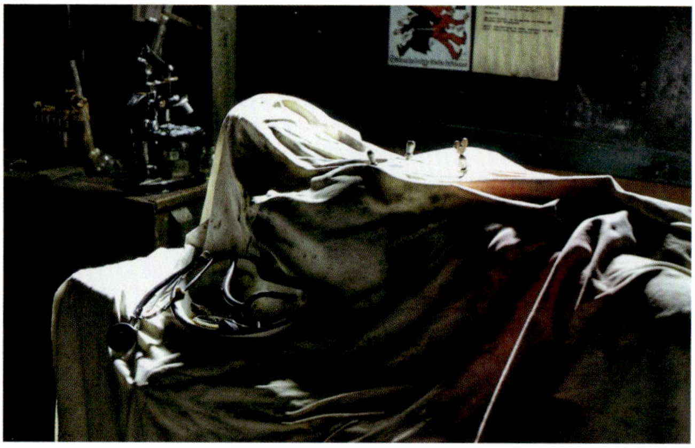

Der Hauptkomplex des Projekts »Riese« besteht aus sechs Stollensystemen, die mehrere Kilometer voneinander entfernt liegen. Die gesamte unterirdische Anlage sollte vermutlich eine Fläche von 20 ha erreichen, allein für das Führerhauptquartier waren 5.000 Quadratmeter vorgesehen. Bezugsfertig sollte das Ganze im August 1945 sein.

Ein weiteres Stollensystem entstand im Bergmassiv unter dem prächtigen Schloss Fürstenstein wenige Kilometer nördlich von Waldenburg (Wałbrzych), das wiederum gut 15 Kilometer nördlich von Wolfsberg liegt. 1943 wurde das Schloss beschlagnahmt und der paramilitärischen Organisation Todt (OT), dem Bautrupp des NS-Staates, übertragen,

Vorige Doppelseite: Ein nachgestelltes Flugzeugwerk im Untergrund

Bombensicher: Stollen im Komplex »Riese«

die sofort daranging, das Innere nach dem Zeitgeschmack der hohen Militärs und SS-Leute umzubauen. Unter dem Schloss wurden Stollen und Gänge auf mehreren Ebenen ins Gebirge gesprengt, deren Gesamtlänge bis zur Einstellung der Bauarbeiten im Winter 1944/45 auf knapp zwei Kilometer Länge anwuchs. Heute ist nicht nur das Schloss (Zamek Książ) ein beliebtes Ausflugsziel – sondern auch die unterirdischen Gänge.

Doch zurück in unseren nasskalten Tunnel. Spätestens im Raum, der wie ein feldmäßiger Operationssaal gestaltet ist, schreckt man zusammen. Während man in Deutschland versucht, die Hintergründe der NS-Schreckensorte den Besuchern durch sachliche, historisch korrekte Informationen zu vermitteln, werden die alten NS-Anlagen in Polen gern als skurrile Kulisse für pseudohistorische Inszenierungen benutzt – so auch hier. Einige Meter weiter stößt man auf die Überreste eines Flugzeugnachbaus inmitten einer Werkstatt. Angeblich sollten hier nach Fertigstellung der Stollen neuartige Flugbomber, die heißersehnten »Wunder-« oder »Vergeltungswaffen«, gebaut werden. Dazu kam es nie, und ob das wirklich geplant war, ist auch nicht sicher. Doch heute kann man hier unten zumindest einer möglichen Variante der Geschich-

Geschichte zum Anfassen: Inszenierungen im Bunkermuseum

te nachspüren. Weiter geht es durch eine Ausstellung von Waffenrepliken, Munition und sogenannten Wunderwaffen – ein filmreifes Sammelsurium.

Der letzte Abschnitt des unterirdischen Museums thematisiert dann die Zwangsarbeit und Ausnutzung der Häftlinge, die aus dem nahen Konzentrationslager Groß-Rosen kamen. Der Weg in diesen Bereich führt durch einen blutrot illuminierten Tunnel.

Die Freude an der effektvollen Inszenierung prägt auch die zahlreichen weiteren museal genutzten Stollensysteme der Region: Die Replik einer Fernrakete vom Typ A4 hier, eine Atomwaffe da, selbst eine Art Ufo-Landeplatz ist hier unten zu finden, auf dem neuartige Flugobjekte starten und landen sollten. Hauptsache, die Touristen kommen und zahlen ihren Obolus.

Vor einigen Jahren kam eine neue Geschichte auf: Ein mit Goldbarren beladener Zug soll in den letzten Wochen des Krieges in der Nähe von Waldenburg verschüttet worden sein. Seitdem versuchen zahlreiche Hobbyforscher und Abenteurer den Zug und das Gold aufzuspüren. Aber bis auf rostige Nägel und Porzellanscherben haben sie bei ihren Grabungen bis dato nichts gefunden. Für die Region Wałbrzych sind die Stollen und Tunnel, die Legenden um Wunderwaffen, Führerhauptquartiere und Goldzüge dennoch ein wahrer Segen. 80 Jahre nach ihrer Entstehung locken sie heute die Touristen in Scharen an. *MK*

Die Spuren des verlogenen Sportfests

Schwimmhalle im Olympischen Dorf Elstal

Es war die perfekte Inszenierung. Es war die Inszenierung eines Landes, das sich als modern darstellte. Als weltoffen und gastfreundlich. Ein Land, in dem Menschen aller Länder, Religionen und Ethnien sich im friedlichen Wettkampf messen sollten. Ein Land im Herzen Europas, vor dem sich niemand fürchten musste. Es war eine gigantische Lüge.

Dabei hatten die Zeremonienmeister alles dafür getan, dass das Bild der Olympischen Spiele 1936 stimmte. Und sie waren Meister ihres Fachs – egal ob es die Regisseurin Leni Riefenstahl war oder der Architekt Werner March. Letzterer schuf nicht nur das an eine antike Arena gemahnende Olympiastadion im Berliner Westend. Nach seinen Plänen und denen seines Bruders Walter March entstand auch eine etwas abseits gelegene Dependance – das Olympische Dorf in Elstal.

Von außen unscheinbar: Die Schwimmhalle des Olympischen Dorfes

Während das Stadion bis heute auf der To-do-Liste vieler Berlin-Touristen steht, lag das Olympische Dorf jahrzehntelang im Tiefschlaf. Dabei ist das meiste von damals noch da: der Fußballplatz, die Aschenbahn und die Häuschen, in denen die Athleten trainierten und wohnten ... Manches wirkt gepflegt, anderes verwahrlost, ein paar Infotafeln erinnern daran, dass hier bis vor Kurzem auch Führungen stattfanden. Mittlerweile wird wieder gebaut. Zumindest in Teilen des Geländes. Denn seit Elstal zum breiter werdenden Speckgürtel rund um die Hauptstadt gehört, werden auch hier Ruinen zu Anlageobjekten. Aus dem ehemaligen »Speisehaus der Nationen« dringt Baulärm. Hier verwandeln Handwerker gerade eine ehemalige Problemimmobilie zu Wohnraum des gehobenen Segments.

In der ehemaligen Schwimmhalle herrscht dagegen nach wie vor Ruhe. Auch wenn der Boden staubig und der Putz fleckig ist: Der sonst übliche Gruselfaktor leerstehender Gebäude fehlt. Von außen hat sie zwar den schlichten Charme einer schnöden Schwimmhalle aus der Nachkriegszeit, im Inneren aber öffnet sich hinter der großen Glasfassade ein lichtdurchfluteter Raum, der offen und freundlich wirkt.

Seit einer provisorischen Teilsanierung 2012 kann man sogar ihre technische Finesse wieder erleben: Ein Elektromotor zieht die komplette Glasfassade nach oben. Es quietscht und scheppert, schwere Betongewichte setzen sich ächzend in Bewegung – und man sinniert. Hatte sich nicht Hitler im Berghof auf dem Obersalzberg etwas Ähnliches einbauen lassen? Ein versenkbares Panoramafenster für den freien Blick auf die Berge? Und klang es vielleicht auch so, wenn der Diktator an seinem Lieblingsort einen auf heile Welt machte? Hier fällt die Aussicht zwar nicht auf die Berchtesgadener Alpen, sondern nur auf einen Sportplatz und ein vermoostes und brackiges Wassertretbecken. Die Inszenierung beeindruckt trotzdem.

Die Inszenierung der Macht, die Inszenierung einer Lüge – in Elstal wird sie auf besondere Weise augenfällig. Dies fängt schon bei der Standortwahl an. Was sprach eigentlich dafür, das Olympische Dorf gut 20 Kilometer entfernt von den Sportstätten zu errichten? Die Antwort ist so banal wie erschreckend: Das Dorf, dessen Gäste das Bild eines Sportfests im Zeichen des Friedens malen sollten, war unter militärischen Aspekten geplant worden. Die Unterkünfte der Athleten lagen nämlich nur einen Steinwurf von der Döberitzer Heide entfernt – einem der größten

Halsbrecherisch: Sprungbrett ohne Wasser

Truppenübungslätze seit den Zeiten der preußischen Könige. Schon Friedrich Wilhelm I. ließ hier anno 1713 die ersten Soldaten das Marschieren üben.

4.500 Hektar maß die Anlage zu Beginn des Ersten Weltkriegs. Bereits 1910 entstand auch der erste Militärflugplatz Deutschlands und machte Döberitz zum Geburtsort der deutschen Luftstreitkräfte. Die Nationalsozialisten bauten den Truppenübungsplatz aus. Zeitgleich mit dem Olympischen Dorf errichtete man in direkter Nachbarschaft die sogenannte Löwen-Adler-Kaserne. Und das Olympische Dorf wurde von Beginn an so geplant, dass seine Bauten Teil dieses militärischen Komplexes werden sollten. Selten geschah die verdeckte Aufrüstung der NS-Machthaber auf so perfide Weise.

Als die ersten Athleten ihre Bahnen in der Schwimmhalle zogen, erahnte wohl keiner von ihnen den eigentlichen Zweck dieses Baus. Und man kann sich noch heute gut vorstellen, wie in der hellen Halle mit einer Mischung aus Vorfreude, Nervosität und Euphorie trainiert wurde.

Folgende Doppelseite: In der Schwimmhalle fehlt seit Jahren das Wasser

Dabei ist das Schwimmbad eine leergeräumte Ruine. Das hellblau geflieste Becken hat seit Ewigkeiten kein Wasser mehr gesehen. Sogar der sonst noch jahrelang in Gemäuern haftende Chlorgeruch hat sich verzogen. Am Sprungturm fehlt das federnde Brett, und die Uhr an der Wand steht seit Ewigkeiten still. Ein paar Stufen führen in den Keller, das ausgeweidete Innere des einstigen High-Tech-Baus. Alles, was eingeschmolzen werden kann, wurde schon längst auf diese Weise verwertet, nur ein paar runde Löcher in brüchigen Betonwänden verraten, wo einmal die mächtigen Wasserrohre verliefen. Hier bekommt die Halle dann doch etwas Beklemmendes, etwas Bunkerhaftes. Man ahnt die Atmosphäre der Räume, in denen die Machthaber des »Dritten Reichs« ihre letzten Tage erlebten. Aber auch hier entsteht neues Leben: Aus Rissen im Beton sprießen wilde Champignons. Bei Pilz und Schwimmhalle hat man sonst andere Assoziationen.

Die Olympischen Spiele waren kaum vorbei, da übernahm die Wehrmacht das Gelände. Wo gerade noch die Jugend der Welt für die Spiele unterm Hakenkreuz trainiert hatte, zogen jetzt eine Infanterieschule und ein Infanterie-Lehrregiment ein. Das »Speisehaus der Nationen« wurde zu einem Militärhospital. Und wie so oft bei ehemaligen Wehrmachts-Liegenschaften auf dem Territorium der DDR rückten auch hier nach Kriegsende sowjetische Soldaten ein. Auch in der Schwimmhalle wurde jetzt wieder trainiert – von Angehörigen des Sowjetische Armeesportklubs Elstal (SASK). Seine Mitglieder waren Leistungssportler, die während ihres Armeedienstes ihr Training zum Ruhm des Systems fortsetzen konnten.

Die letzten Sportler der Sowjetarmee hinterließen auch in Elstal ihre Spuren. An manchen Wänden kleben noch sowjetische Zeitungen, und in verborgenen Ecken erinnern bunte Wandbilder daran, dass in der Außenstelle von Hitlers verlogenem Sportfest zuletzt die einstigen Kriegsgegner residierten – wobei diese Herrschaftsinszenierung eher bescheiden ausfällt. *AS*

Das Schulungsobjekt des BDM

Jugenderholungsheim Endlerkuppe

Neben den markanten schroffen Felsen des Elbsandsteingebirges gibt es in der Sächsischen Schweiz noch weitere Sehenswürdigkeiten zu entdecken. Darunter ist der Gebäudekomplex auf der Endlerkuppe südlich von Sebnitz, dessen markanter Turm weithin sichtbar ist. Die Anlage entstand 1928/29 als erstes Jugenderholungsheim in Sachsen. Jeweils 80 Jungen und Mädchen im nicht mehr schulpflichtigen Alter sollten sich hier, im Rahmen eines Erholungsurlaubs, auf das Arbeitsleben vorbereiten. Finanziert wurden die Aufenthalte von Gewerkschaften, Krankenkassen und Sozialversicherungsverbänden.

Heute endet die Anfahrt an einem Schlagbaum, zu viele Vandalen haben sich in den vergangenen Jahrzehnten am teils imposanten Interieur

Idyllische Kulisse: Das Jugenderholungsheim in der Sächsischen Schweiz

bedient. Die letzten Meter zu diesem spannenden Ort der Zeitgeschichte müssen also zu Fuß zurückgelegt werden.

Bereits 1933 war auf der Endlerkuppe Schluss mit unpolitischer Erholung: Die Anlage wurde zu einem Schulungsobjekt des BDM umfunktioniert. Seit der Machtübernahme der Nationalsozialisten war die Hitler-Jugend (HJ) der einzige staatlich anerkannte Jugendverband in Deutschland. Ab 1936 war die Mitgliedschaft für alle Heranwachsenden Pflicht. Bereits Kinder sollten im Sinne des Regimes erzogen und ideologisch beeinflusst werden. Während Jungs mit sportlichen und vormilitärischen Aktivitäten auf Trab gehalten und für den Militärdienst gedrillt wurden, sollten Mädchen vor allem auf ihre künftige »Mutterrolle« vorbereitet werden. Für sie gab es seit 1930 eine eigene Organisation: den Bund Deutscher Mädel. Seinen Mitgliedern bot der BDM nicht nur Sport, Handarbeits- und Bastelabende, sondern auch Ausflüge und Ferienreisen. Dank staatlicher Zuschüsse konnten auch Kinder aus sozial schwachen Familien daran teilnehmen. So standen seit 1933 auf der Endlerkuppe, inmitten dieser idyllischen Landschaft, vor allem Fahnenappell, Morgengymnastik und weitere Veranstaltungen auf dem Tagesplan, die die Mädchen und jungen Frauen zu Mitgliedern der Volksgemeinschaft im Sinne des NS-Regimes formen sollten.

Zahn der Zeit: Blick ins Obergeschoss

Vorbild für den Architekten Kurt Bärbig bildete das von Heinrich Tessenow entworfene Festspielhaus in Dresden-Hellerau. In den Seitenflügeln der U-förmigen Anlage befanden sich im Erdgeschoss die Aufent-

Linke Seite: Das Dachgeschoss (o.) und die Bühne des großen Saals (u.)

Folgende Doppelseite: Die Natur erobert sich den Hof zurück

haltsräume, Bibliothek, Schreibraum etc., im Obergeschoss die Schlafräume, im Untergeschoss die Waschräume. Der tempelartige Haupttrakt birgt einen großen Speise- und Festsaal. Nach Westen schließt sich der Versorgungstrakt mit dem Wasserturm an, dessen Dachterrasse einen wunderbaren Ausblick in die Umgebung bietet.

Als Teil der Hitler-Jugend wurde der Bund Deutscher Mädel 1945 verboten. Das Eigentum und alle finanziellen Reserven wurden beschlagnahmt und die Massenorganisation wurde vollständig aufge-löst. Nach einer kurzen Nutzung durch die Truppen der Roten Armee fiel das Areal auf der Endlerkuppe an die Sozialistische Ein-heitspartei Deutschlands (SED), die hier 1946 eine der ersten Parteischulen einrichtete. 40 Jahre lang wurden in der Anlage fortan die potenziellen Führungskräfte des Partei- und Staatsapparates der DDR ausgebildet.

Umkleide: Leere Schränke im Sanitärbereich

1989 ging die Endlerkuppe an die Treuhandanstalt über, die jedoch keinen ernsthaften Investor fand. Pläne, den Komplex in ein Hotel umzuwandeln, zerschlugen sich. Und so steht das Ensemble seit 1990 leer und verfällt. Im imposanten zentralen Saal fühlt man sich gleich in die Vergangenheit zurückversetzt, auch wenn heute der Wind durch die kaputten und notdürftig vernagelten Fenster pfeift und unter der bröckelnden Decke eine bedrückende Stimmung herrscht. Auch die hölzernen Stufen, die auf ganzer Breite zur Bühne hinaufführen, sind erhalten. Was mögen hier für Kundgebungen stattgefunden haben zur NS-Zeit und unter dem SED-Regime. Wenn Steine und Interieur doch nur reden könnten. *MK*

Das versteckte Rüstungswerk an der Neiße

DSC-Werk »Wald« bei Forst

Folgt man der holprigen Betonstraße auf der östlichen Seite der Neiße bei Forst immer tiefer in den Wald, steht man schon bald vor einem Schlagbaum und mehreren Verbotsschildern. Doch ausgerüstet mit alten Lageplänen findet man auch andere Zugänge zu den Resten eines der größten Rüstungswerke des NS-Regimes. Das etwa 600 Hektar große Waldgebiet wurde ab 1939 durch ein mehr als 70 Kilometer langes Straßen- und Wegenetz erschlossen. Bis 1941 entstanden rund 400 größtenteils aus Stahlbeton errichtete Gebäude. 38 Kilometer Eisenbahngleise wurden verlegt, 60 Kilometer Rohre für Wasser und Kanalisation. Bauherr war die Deutsche Sprengchemie GmbH, die in Deutschland über 30 Sprengstoff- und Zünderfabriken betrieb.

Für die Produktion des rauchlosen Geschützpulvers im Forster Werk,

Gut getarnt: Rund 400 Bunker liegen versteckt im Wald

das den Tarnnamen »Wald« trug, und die anschließende Weiterverarbeitung an anderen Standorten setzte man neben dem deutschen Fachpersonal und zwangsverpflichteten Arbeitskräften, darunter vielen jungen Frauen, auch KZ-Häftlinge ein. In der Phase der vollen Auslastung waren dies 2.000 Personen. Bis zu 1.500 Tonnen Pulvereinsätze für Granaten verschiedenen Kalibers wurden im Forster Werk produziert und per Zug zur Weiterverarbeitung an andere Standorte transportiert. In den letzten Monaten des Krieges nahm dann eine eigene provisorische Füllstation ihren Dienst auf.

Am 28. Februar 1945 wurde das nur wenige Tage zuvor aufgegebene Werk von der Roten Armee eingenommen. Die teils hochmodernen Produktionseinrichtungen wurden demontiert und in die Sowjetunion transportiert. Seit 1945 auf polnischem Staatsgebiet gelegen, dienten einige Bauten als Lager und Depot der Staatsreserve, vorgehalten wurden hier bis 1989 u. a. Zucker, Salz und Getreide. Andere Flächen wurden für Übungszwecke genutzt. Im vorderen, leicht zu erreichenden Bereich siedelten sich verschiedene Unternehmen an. Der rückwärtige Teil jedoch mit den weitläufigen sogenannten Ölbergen, mit den verzweigten

Verlassen und vergessen: Die ungenutzten Bunker

Beton pur: Einstige Produktionsstätte für Hochexplosives

Tunnellabyrinthen, den Lager- und Versandgebäuden und dem unterirdischen Kraftwerk geriet in Vergessenheit.

Der sieben Kilometer lange, bis zu drei Meter hohe Maschendrahtzaun um das riesige Areal wurde bereits 1960/61 abgebaut, und seitdem sind weite Teile frei zugänglich. Von einem Besuch abseits der Wege ist jedoch dringend abzuraten! Durch die überstürzte Evakuierung des Werks blieben an zahlreichen Stellen giftige und hochexplosive Rückstände in den unterirdischen Rohrleitungen. Immer wieder kommt es zu Unglücken. Das schwerste ereignete sich im Frühjahr 2003, als eine polnische Studentengruppe die biologische Artenvielfalt im ehemaligen Sperrgebiet dokumentieren wollte. Bei der Erkundung eines ehemaligen Sammelbunkers fand man »seltsame« Rückstände, die nach dem Entzünden einer Zigarette explodierten, zwei Menschen in den Tod rissen und zwölf Personen verletzten. Als wir das Gelände erkunden,

Folgende Doppelseite: Der Kraftwerksbau reicht fünf Etagen in die Tiefe

haben wir nicht nur einen Lageplan der Gebäude und der Leitungswege, sondern treffen zwischen den Bunkern auch auf einen Experten, der sogleich die Führung übernimmt und uns weitere Bauten zeigt.

Der Abstieg in das unterirdische Kraftwerk ist beklemmend. Knapp 20 Meter führt das Treppenhaus in die unterste Ebene, die von Unrat übersät ist. Seit Jahrzehnten wird hier über mehrere Öffnungen im Erdboden illegal Müll entsorgt. Auch das Kraftwerk wurde aus Gründen der Tarnung unterirdisch errichtet. Im Falle eines Luftangriffs konnten die weithin sichtbaren Schornsteine eingefahren werden. Aus der Luft sahen die alliierten Piloten nichts als dichten Kiefernwald, wie er typisch ist für die Region. Zahlreiche Bauten wurden mit Erde bedeckt oder erhielten begrünte Dächer. Manche Decken sind mehr als zwei Meter stark. Durch die Tarnung sollte nicht nur der Produktionsablauf gesichert werden. An manchen Orten hätten Bombentreffer höchst gefährlich werden können. Unglücke und Explosionen waren allerdings auch im normalen Arbeitsalltag nicht so selten.

Propaganda: Zeichnungen der Roten Armee

Doch zurück in die Gegenwart. Vom Kraftwerk fahren wir zu einem der besonderen Gebäudekomplexe. Die sogenannten Ölberge sind ehemalige Produktionsstätten, die untereinander mit Tunneln verbunden waren. Hier wurde in komplizierten chemischen Prozessen die totbringende Pulvermasse hergestellt. Wie in den anderen Gebäuden fällt auch hier auf, dass sämtliche Installationen bis hin zum letzten Kabelrest demontiert wurden. Die meisten der 400 Bauten sind nur noch steinerne Hüllen. Ein surrealer Anblick mitten im Wald!

Informationstafeln oder museale Einrichtungen sucht man vergeblich. Und doch stellen die Überreste des DSC-Werks »Wald« bei Brożek, dem ehemaligen Forst-Scheuno, Mahnmale dar, die an das dunkelste Kapitel der deutschen Geschichte erinnern. *MK*

Die Trutzburg im Wedding

Flakturm Humboldthain

Die Szenerie hat etwas Alpines an sich. Neben dem schmalen Pfad geht es steil bergab. Der Blick schweift über grobes Geröll und hinab in eine dunkle Tiefe. Eine Absperrung schützt zwar vor falschen Schritten, aber ein leichtes Kribbeln in der Bauchgegend macht sich dennoch breit. Dabei befindet man sich nicht in alpinen Höhen, sondern im Berliner Untergrund – genauer gesagt: in einem künstlichen Untergrund unter einer menschengemachten Erhebung. Denn auf die harsche Abbruchkante stößt man in den Überresten des Hochbunkers am Humboldthain, der an dieser Stelle mittendurch gebrochen ist. Man denkt unwillkürlich

Aussichtspunkt: Die nördlichen Türme blieben erhalten

Wahnsinn in Stahlbeton: Meterdicke Wände im Flakturm

an ein grotesk überdimensioniertes Exemplar der quadratischen Schokoladentafeln. Doch zerlegt wurden hier nicht Kakao, Nüsse oder Nougat, sondern Unmengen an Beton – an jenem Tag im Mai 1948, als französische Truppen zumindest einen Teil dieser Spuren der Schlacht um Berlin beseitigten.

Begonnen hatte es 1941. Ein Jahr zuvor hatten britische Bomber erstmals die Reichshauptstadt unter Beschuss genommen – trotz des angeblichen Versprechens von Reichsmarschall Hermann Göring, der sich Meier nennen wollte, falls je ein alliiertes Flugzeug Berlin erreichen sollte. Nun nannte sich Göring auch 1941 immer noch Göring, auf Befehl Hitlers aber begann ein gigantisches Programm zur Sicherung des Berliner Luftraums. Im April 1941 wurde auf dem Gelände des Zoologischen Gartens der erste Geschützbunker fertiggestellt, ein weiterer im Sommer im Volkspark Friedrichshain, und ab Oktober 1941 der im Humboldthain.

Noch heute wirken die Reste der Anlage gigantisch. Dass der zerstörte

Teil auf der Südseite des Bunkers unter dem gnädigen Grün des Parks verschwunden ist, nimmt dem Koloss zwar etwas von seiner Wucht, von der S-Bahnlinie aus blickt man aber auf eine furchteinflößende Steilwand. 40 Meter ragt der Bunker in die Höhe, 70 auf 70 Meter war er groß – ein in Stahlbeton gegossener Wahnsinn, errichtet binnen sechs Monaten trotz Krieg und Materialmangel von über 3.000 Arbeitern im 24-Stunden-Betrieb. Darunter waren auch zahlreiche Zwangsarbeiter, die unfreiwillig ihren Beitrag dazu leisten mussten, dass Deutschland den Krieg gegen ihre Heimatländer fortsetzen konnte.

Die Anlage bestand aus zwei Komplexen: dem kleineren – heute komplett verschwundenen – L-Turm, in dem Anlagen zur Ortung der Flieger untergebracht waren, und dem mächtigen G-Turm, dem eigentlichen Flakturm. Architekt Fritz Tamms griff dabei auf Elemente der klassischen Festungsarchitektur zurück: Mächtige und weit auskragende Plattformen überragten den Komplex wie eine mittelalterliche Burg. Auf ihnen wurden die Geschütze installiert, die den Luftraum über Berlin sichern sollten – darunter vier Kanonen vom Kaliber 12,8 Zentimeter. An Ort und Stelle abschießen sollten sie die Flieger freilich nicht. Dass mit

Labyrinth: Unzählige Gänge und Treppen ziehen sich durch den Bau

Sprengstoff beladene Flugzeugwracks mitten in der Reichshauptstadt abstürzten, wäre wenig zielführend gewesen. Vielmehr sollten die alliierten Flieger lediglich beschädigt werden, sodass sie dann am Rande der Stadt vom Himmel fielen.

Doch neben den Soldaten fanden auch Zivilisten Zutritt: Auf sechs Etagen gab es allein im G-Turm Schutzräume für bis zu 15.000 Berlinerinnen und Berliner sowie ein Militärhospital mit 300 Betten – auf den ersten Blick beeindruckende Zahlen, die sich freilich angesichts der Bevölkerung einer Millionenstadt deutlich relativieren.

Besucht man heute die Anlage, umgibt einen gespenstische Ruhe. Das Labyrinth aus betongrauen Wänden, Treppen, Trümmerresten und leeren Räumen löst Beklemmungen aus – vor allem wenn man sich vor Augen hält, was sich ab 1943 hier abspielte, in den zwei Jahren, in denen die Alliierten mehrmals pro Woche Angriffe auf Berlin flogen. Zeitzeugen erinnern sich an die Bombennächte, in denen bis zu 50.000 Menschen in der für 15.000 Personen geplanten Anlage Schutz suchten. »Furchtbar eng gewesen, Mief, fürchterlich stickig da drin, schlechte Beleuchtung, die jedes Mal ausgegangen ist, wenn die großen Geschütze gefeuert haben«, erinnert sich der 1937 geborene Hans-Joachim Loll in einer Dokumentation des rbb. Und Manfred Witt, der als Kleinkind mit seiner Mutter im Bunker war, vergisst nie die Schilderungen seiner Mutter: »Die Menschen haben geschrien aufgrund des Knackens und Quietschens, sie dachten, sie werden von schweren Betonmassen erschlagen.« Noch schwerer traf es die jungen Flakhelfer, die gerade im Teenageralter waren: Viele überlebten den Einsatz auf den Geschütztürmen nicht.

Obwohl sie ahnen konnten, was der Berliner Bevölkerung noch bevorstehen würde, planten die NS-Machthaber aber auch schon hier für die Zeit nach dem vielbeschworenen Endsieg. Aus dem Koloss sollte das werden, was man heute als Multiplex-Kino oder Event-Location bezeichnen würde – eine brachiale Trutzburg der völkischen Unterhaltung im Norden der zu »Germania« umgestalteten Hauptstadt, verkleidet mit Naturstein und heroischen Reliefs. Erste Musterplatten mit Eichenlaub

Linke Seite: Eine Abbruchkante zeigt die Spuren der Teilsprengung

Folgende Doppelseite: Berliner Unterwelten e.V. sicherte Teile des Bunkers

und Schwertern ließ Hitlers Lieblingsarchitekt Albert Speer schon auf Vorrat meißeln. Und mit Blick auf die spätere Nutzung wurden in den meterdicken Betonwänden auch Fenster ausgespart. Wegen der aktuellen Notwendigkeiten wurden sie erst einmal mit mächtigen Stahlplatten verschlossen.

Filme wurden im Hochbunker Humboldthain allerdings nie gezeigt, und auch der Showdown war nur eine halbe Sache. Denn während die Hochbunker am Zoo und im Friedrichshain von den Briten und Sowjets nahezu komplett gesprengt wurden, ebneten die Franzosen nur die südliche Hälfte des Hochbunkers Humboldthain ein. Auch nach mehreren Sprengungen standen die beiden nördlichen Türme noch – nach offizieller Erklärung plangemäß, um nicht die direkt daneben verlaufenden Schienen des S-Bahn-Rings unter Trümmern zu begraben.

Museal: Die Ausstellung im Bunker

Auch in den Jahren danach sorgten die Ruinen für Nervenkitzel: Schon in der frühen Nachkriegszeit suchten Jugendliche das Abenteuer in den Ruinen, feierten Partys im brüchigen Untergrund. »Immer wieder riskieren es ein paar Lederjacken, denen die gute neue Zeit, die Oberwelt, in der sie leben, zu langweilig ist oder zu armselig«, berichtete 1960 der SFB. Nicht alle überstanden die Ausflüge schadlos, einer ließ sein Leben in der düsteren Ruine. In den 1980er-Jahren gab es Pläne, den gefährlichen Abenteuerspielplatz endgültig abzureißen – was wegen der Kosten dann doch unterblieb.

Heute lassen sich die Relikte gefahrlos besuchen. Der Verein »Berliner Unterwelten« hat den Bunker mittlerweile gesichert und bietet Führungen durch die Abgründe und Geröllwüsten in Berlins höchstgelegenem Untergrund an. Die einzige Vorsichtsmaßnahme für Besuchende: festes Schuhwerk. Wie bei einer echten Bergtour. *AS*

Rohstoffe für die Rüstung

Zinnwäsche Sauersack

Achtung Landesgrenze! Die Blicke schweifen kurz nach links und rechts, ob nicht doch eine Kontrolle stattfindet. Doch die ehemaligen Grenzposten an der deutsch-tschechischen Grenze sind glücklicherweise nicht mehr besetzt. Keine Kontrolle der Papiere, sondern freie Fahrt für Bürger der Europäischen Union.

Nach einigen Kurven wird die Straße schmaler und schmaler. Wie mag es hier vor 80 Jahren gewesen sein? Wir befinden uns im Sudetenland, einer historischen Kulturlandschaft, die einst von deutschsprachigen Böhmen besiedelt war und jahrhundertelang zum Habsburgerreich

Ruine des Schreckens: Verlassene Zinnwäsche im Erzgebirge

gehörte. 1919 durch den Staatsvertrag von Saint-Germain-en-Laye der neu gegründeten Tschechoslowakei zugeschlagen, okkupierte das nationalsozialistische Deutsche Reich, rechtsstaatlich abgesichert durch das Münchener Abkommen mit Großbritannien, Frankreich und Italien, das Sudentenland am 1. Oktober 1938. Doch Hitlers Appetit war damit längst nicht gestillt, kaum ein halbes Jahr später besetzten deutsche Truppen die »Rest-Tschechei«, wie man sie nannte, und gliederte sie als Protektorat Böhmen und Mähren faktisch ins Deutsche Reich ein.

Seit dem Mittelalter wird im Erzgebirge Bergbau betrieben, erstmals erwähnt ist ein Bergwerk in Sauersack 1492. 1654 bestand der Ort, der auf 900 Metern Höhe zwischen Johanngeorgenstadt und Klingenthal liegt, aber südlich der sächsisch-böhmischen, heute deutsch-tschechischen Grenze, aus nur elf Häusern. Im 19. Jahrhundert erschöpften sich die Lagerstätten zunehmend, 1857 wurde der Zinnabbau eingestellt. Zwar führte man ab 1906 neue Erkundungen durch, doch eine wirtschaftliche Förderung kam, wohl auch wegen des Ersten Weltkriegs, nicht in Gang.

Bauliche Zeitzeugen: Erzsilo im Gebäudekomplex

Treppen ins Nichts: Heute Abenteuerspielplatz und begehrtes Fotomotiv

Erst 1938 änderte sich das Bild. Aufgrund der Autarkiebestrebungen forcierten die Nationalsozialisten die Versorgung mit Rohstoffen für die im Aufbau befindliche Kriegswirtschaft. Erze stellten einen der wichtigen Grundpfeiler der Rüstungsindustrie dar. Nur wenige Monate nach der Angliederung des Sudetenlandes nahm die Zinnbergbau Sudetenland GmbH im Herbst 1939 eine neue Bergbauanlage in Betrieb. Doch die Arbeiten kamen nur schleppend voran. Die alten Anlagen waren nur teilweise zu gebrauchen, und so wurden, unter Hintanstellung aller wirtschaftlichen Überlegungen, zwei neue Schächte abgeteuft und ein neuer komplexer Bergbaubetrieb unter dem Namen »Grube Sauersack« aufgebaut.

Kriegsbedingt kam der Betrieb nur langsam in Gang. Die gesamte Anlage inklusive der Aufbereitung konnte wohl erst 1943 in Betrieb gehen. 800 Menschen dürften damals hier gearbeitet haben, neben rund

Folgende Doppelseite: Steinerne Riesen in idyllischer Natur

Künstlicher See: Hier quaken heute die Frösche

250 Deutschen in der Mehrheit Kriegsgefangene und Zwangsarbeiter. Für sie errichtete man das Barackenlager Birkhahn. Zwischen 1941 und März 1945, als man die Arbeiten wegen des Anrückens der sowjetischen und der amerikanischen Truppen einstellte, wurden rund 73.000 Tonnen Zinnerz gefördert und in der benachbarten Aufbereitungsanlage auf einen Reinheitsgrad von 70 Prozent aufbereitet. Insgesamt blieb die Ausbeute damit weit unter den Erwartungen.

Nach Ende des Zweiten Weltkriegs wurde der Abbau unter Tage als unrentabel eingestuft. Alle brauchbaren technischen Einbauten wurden demontiert, die Tiefbauten geflutet und die Gebäude fortan sich selbst überlassen. Bis März 1946 wurde die deutsche Bevölkerung aus der Region vertrieben, fast alle Häuser des Dorfes, das seitdem Rolava heißt, wurden abgerissen. Auch die Barackenlager sind bis auf die Grundmauern verschwunden. Erhalten geblieben sind die Ruinen der Zinnwäsche, die damals zu den modernsten ihrer Art gehörte. Sie gemahnen bis heute eindringlich an dieses schaurige Kapitel der Geschichte.

Von einem kleinen Waldparkplatz, den man nach der kurvenreichen

Rechte Seite: Trampelpfade führen von einem Gebäude zum anderen

MAG
NET
MAN

Absturzgefahr: Hier sollte jeder Schritt gut bedacht sein

Strecke erreicht, kann man das längst wieder vom Wald zurückeroberte Gelände erkunden: versteckte Tunnel hier, unterirdische Lagerräume dort, ein großer, kreisrunder künstlicher See – und schließlich die imposante Ruine der Aufbereitungsanlage: Fünf bis sechs Etagen hoch und aus Stahlbeton errichtet, lassen die steinernen Skelette die Besucher nur ungläubig den Kopf schütteln. Im Inneren der Gebäude kann der Laie nicht mehr nachvollziehen, was einst welchem Zweck diente. Wer über genügend Abenteuerlust verfügt, findet auch den Weg auf die Dächer der Aufbereitung, von wo sich ein imposanter Blick auf die umliegenden Gebäude und Einrichtungen bietet. Freunde der Fotografie kommen voll auf ihre Kosten. Doch wie immer ist auch hier Vorsicht angesagt, ein falscher Tritt …

Leider findet man nirgends Erklärungen oder Erinnerungszeichen. Lediglich einige tschechische Gästeführer organisieren an wenigen Terminen im Jahr Rundgänge über das weitläufige Areal. *MK*

Die Kaderschmiede im Harz

Napola Anhalt in Ballenstedt

Das Tor ist heute fest verschlossen. Doch schon von weither erahnt man, dass der gigantische Gebäudekomplex in einem Wald am Rande von Ballenstedt einer anderen Zeit entstammt. Fragt man Passanten in dem kleinen Städtchen nach dem Areal auf dem Großen Ziegenberg, fallen die Antworten höchst unterschiedlich aus. Für die einen ist sie die ehemalige »Bezirksparteischule Wilhelm Liebknecht«, für die anderen die einstige »Napola Anhalt«. Doch zumeist wird das Areal auf die ältere und kürzere Nutzungsepoche reduziert.

Sofort nach Hitlers Machtergreifung im Januar 1933 begann der radikale Umbau Deutschlands in eine Führerdiktatur. Zur Heranbildung einer nationalsozialistischen Führungselite wurde ein System von »Nationalpolitischen Erziehungsanstalten« geschaffen, kurz Napolas

Mit Appellplatz: Lektionsgebäude der Eliteschule auf dem Großen Ziegenberg

genannt. Diese führten zur allgemeinen Hochschulreife, waren jedoch organisatorisch vom allgemeinen Schulwesen getrennt und unterstanden der SA. Im Laufe der Jahre gerieten sie immer stärker unter den Einfluss der SS. Insgesamt wurden 39 dieser NS-Internatsoberschulen gegründet.

Andernorts wurden dazu ehemalige Kadettenanstalten, Klosterschulen oder Militärwaisenhäuser zweckentfremdet, in Ballenstedt aber entstand eine Musteranlage, die als Vorbild gedacht war für andere Standorte. Doch letztlich blieb es beim Bau der Musteranlage. Nach der Grundsteinlegung 1936 nahm die Schule erst 1942 den Betrieb auf. Insgesamt wurden bis 1945 etwa 350 Schüler zu linientreuen Nationalsozialisten erzogen.

Direkt nach dem Ende des Zweiten Weltkriegs durch sowjetische Truppen genutzt, wurde die Napola Anhalt nach der Gründung der DDR zunächst kurzzeitig zur »Zentralschule für Wirtschaft des ZK der SED« und 1952 zur Bezirksparteischule der SED. So wie hier zuvor die Nationalsozialisten ihre künftige Elite ideologisch auf Kurs gebracht hatten, so schulte in Ballenstedt nun die Sozialistische Einheitspartei ihren Führungsnachwuchs. Zwischen 1956 und 1989 absolvier-

Leerstand: Hauptgebäude der Napola Anhalt

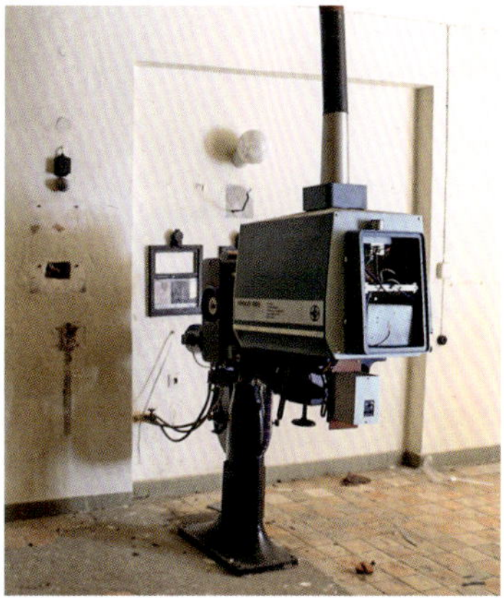

Seit dem Ende der DDR ungenutzt: Vortrags- und Kinosaal

ten rund 16.000 SED-Kader des Bezirks Halle und bis 1975 auch des Bezirks Magdeburg Lehrgänge in der »Bezirksparteischule Wilhelm Liebknecht«.

So bietet das im Wald versteckte Areal heute Spuren zweier totalitärer Regime. Von außen zeigen die Gebäude unverkennbar den pompösen Baustil der NS-Zeit. Doch im Inneren wird man eher an die DDR erinnert. Der große Hörsaal im zentralen Lektionsgebäude ist inzwischen seiner Stuhlreihen beraubt, aber in zahlreichen angrenzenden Zimmern steht die Zeit seit 1990 still. Filmprojektoren, die man hier findet, die Klassenräume oder auch die kleine Bar sind wahre Zeitkapseln.

Auf dem Dachboden des riesigen Gebäudes sind gleichsam beide Zeiten vereint. Hier das Gebälk aus den 1930er-Jahren, dort die ausgeblichenen Propagandatafeln aus der sozialistischen Ära. Spätestens beim Blick aus einem der kleinen Fenster des Turmes stockt dem Besucher der Atem – nicht wegen der schönen Natur ringsum, sondern weil er von hier oben die ursprüngliche Gebäudeanordnung erkennt. Die beiden sich dem Lektionsgebäude anschließenden Bauten wirken aus der Vogelperspektive wie SS-Runen. Und insgesamt sind die Wirtschafts- und Unterrichtsgebäude so gestellt, dass sie einen stilisierten Reichsadler ergeben. Die Symbolik der nationalsozialistischen Diktatur hat die Zeiten überdauert.

Folgende Doppelseite: Zu erkennen ist die NS-spezifische Formensprache

Die beiden Gebäude mit dem markanten Grundriss dienten unter beiden Regimen dem Wohnen und der Freizeit. Hier stößt man vielfach auf verlassene Zimmer, deren einstige Funktion man noch erkennt. Im Erdgeschoss eines der Gebäude findet man eine kleine Sauna. Und einer der Nachbarbauten, die erst in der DDR-Zeit errichtet wurden, birgt eine kleine Kellerbar. Nach dem drögen Lernalltag suchten die sozialistischen Genossen hier Entspannung.

Entspannung für die SED-Genossen: Bar

Die »Delegierten« absolvierten in Ballenstedt ein dreijähriges Direktstudium oder ein fünfjähriges Fernstudium. Zu den wichtigsten Fächern der Parteischule zählten marxistisch-leninistische Philosophie, politische Ökonomie, wissenschaftlicher Kommunismus, Parteiaufbau und Geschichte der Arbeiterbewegung. Nach Ende des Studiums erhielten die Teilnehmer ein Diplom als Gesellschaftswissenschaftler. Der Staat war stolz auf diese Einrichtung, daher wurden ab 1979 auch Studenten aus befreundeten sozialistischen Staaten, darunter Äthiopien und Sudan, aufgenommen.

Mit dem Zusammenbruch der DDR endete die Geschichte der Ballenstedter Anlage als Kaderschmiede zweier autoritärer Staaten. Nach der friedlichen Revolution kurzzeitig von der Polizei als Ausbildungseinrichtung genutzt, steht der Komplex seither leer. Ledig-lich eine Turnhalle, die in den 1990er-Jahren in der ehemaligen Kantine eingerichtet wurde, wird von einigen ortsansässigen Sportvereinen genutzt. Niemand weiß, ob die einstige Napola Anhalt eines Tages wachgeküsst oder ob sie abgerissen werden wird. Bis es so weit ist, kann die weitläufige Anlage an wenigen Terminen im Jahr offiziell besichtigt werden. *MK*

Das weitverzweigte Bunkersystem im Untergrund

Festungsfront Oder-Warthe-Bogen

Die massive Stahltür lässt sich nur mit einem speziellen Schlüssel öffnen. Zu groß war die Neugierde von Abenteurern und Neugierigen, die sich in der Vergangenheit oft auch mit schwerem Gerät widerrechtlich Zutritt verschaffen wollten. Wenige Augenblicke später verstehen wir auch warum. Hier außerhalb der Kleinstadt Międzyrzecz, bis 1945 Meseritz, befindet sich der Einstieg in eines der größten zusammenhängenden Bunkersysteme Europas.

Bereits nach dem Deutsch-Französischen Krieg hatte man in Frankreich mit dem Bau einer »Eisernen Barriere« begonnen, einer Verteidigungslinie, die die neu gezogene Ostgrenze absichern sollte. Im Ersten Weltkrieg bauten die Deutschen an ihrer Westfront die »Siegfriedstellung«, und in den 1920er-Jahren entwickelte man in mehreren Ländern Pläne für Defensivstellungen. In Italien entstand ab 1926 der »Alpenwall«, an der französischen Ostgrenze ab 1930 die »Maginot-Linie«. Dahinter stand die Idee, mit weniger militärisch geschultem Personal bestimmte Grenzabschnitte, in denen ein feindlicher Durchbruch vermutet wurde, abzusichern.

Schwergewicht: Zugang zum Bunkersystem

Dem Deutschen Reich war es durch den Versailler Vertrag verboten, seine Westgrenze durch militärische Anlagen zu sichern. Und so konzentrierten sich die Überlegungen der Reichswehr ab Ende der 1920er-Jahre auf die östliche Reichsgrenze. Nach 1930 erfolgten zunächst ers-

Hohlgänge: Eine Eisenbahn versorgte die Bunkerwerke

te Ausbauten im nördlichen und südlichen Bereich der Grenze. Doch spätestens nach der Machtergreifung der Nationalsozialisten begann die Planung für ein großes Bunkerbauprogramm zwischen der Oder und ihrem rechten Nebenfluss Warthe (Warta). Hier erwartete man am ehesten einen Angriff feindlicher Panzerverbände und schwerer Fahrzeuge. So wuchs ab 1934 ein knapp 100 Kilometer langes, zwei bis drei Kilometer breites Festungssystem aus Panzerwerken, Panzerbatterien, Artilleriewerken und natürlichen Wasserhindernissen. Im Kern des militärischen Komplexes wurden die oberirdischen Kampf- und Beobachtungsbunker durch ein weitverzweigtes Tunnelsystem mit einer Gesamtlänge von rund 30 Kilometern miteinander verbunden. Hier waren nicht nur Soldaten zu Fuß unterwegs, sondern auch eine eingleisige Feldbahn. Sie sollte die einzelnen Kampfbunker mit Munition und Vorrat versorgen, und so entstanden im Untergrund auch Bahnhöfe, Werkstätten und Maschinenräume.

Doch bereits 1938 wurden die Arbeiten am Oder-Warthe-Bogen auf

Befehl Adolf Hitlers gestoppt. 1936 war mit dem Bau des »Westwalls« begonnen worden, und dessen Ausbau galt nun als vordringlich. In der Tat überrollten die deutschen Truppen 1939 Polen, und weitere Kämpfe waren dank des Hitler-Stalin-Paktes zunächst nicht zu erwarten.

Schließlich begann man 1942 sogar mit dem Rückbau der militärischen Einrichtungen, die am nun entstehenden »Atlantikwall« dringender benötigt wurden. 1944 jedoch änderte sich die Kriegslage dramatisch, und so versuchte man eiligst, u. a. mithilfe des Reichsarbeitsdienstes, die Verteidigungsfähigkeit der »Festungsfront« gegenüber der anrückenden Roten Armee wiederherzustellen. Die ließ sich allerdings im Januar 1945 nur ganze drei Tage aufhalten. Manche für den Vormarsch der Sowjets unwichtige Panzerwerke wurden von deutschen Soldaten noch bis April oder Mai 1945 gehalten. Weil sich ein paar Besatzungen auch dann noch nicht ergaben, wurden diese Befestigungen zerstört.

Panzerwerk: Krankenstation im Untergrund

Nach dem Zweiten Weltkrieg dienten einige unterirdische Bereiche als Ausbildungsobjekt oder Depot, weite Teile aber gerieten in Vergessenheit – und wurden von Fledermäusen als ideales Lebensumfeld entdeckt. Seit 1980 hat die polnische Regierung nach und nach zahlreiche Abschnitte unter Naturschutz gestellt, heute gelten die Bunker der Festungsfront Oder-Warthe-Bogen als das größte von Menschen erbaute Fledermausquartier Europas: 35.000 Tiere überwintern hier alljährlich.

Und genau in diese Welt führt uns der Weg durch die bis eben versperrte Tür. Hier in Meseritz funktioniert die Zusammenarbeit zwischen Historikern und Naturschützern hervorragend, es werden

Folgende Doppeleite: »Drachenzähne« zur Abwehr feindlicher Panzerverbände

Führungen angeboten zur Geschichte wie auch zur heutigen Nutzung der alten Festungsanlagen. Die oberen Ebenen im Bunker hinter der massiven Stahltür informieren über die Geschichte des einstigen Panzerwerks, während es im 15 Meter tiefer gelegenen Untergeschoss um die Fledermäuse geht.

Nicht alle Bereiche sind jederzeit zugänglich. Der imposante unterirdische Bahnhof am Ende des Tunnels zum Beispiel ist nur in den Sommermonaten zu besichtigen – zwischen Oktober und April genießen die Fledermäuse hier ihre Ruhe.

Beton pur: Rückseite eines Panzerwerkes

Folgt man den Gleisen immer tiefer in den Untergrund, so spürt man nach einigen Minuten entweder die Faszination des Untergrunds oder möchte nur schnell wieder hinaus. Seitentunnel führen zu weiteren Panzerwerken. Doch die eigentliche Größe der Anlage wird erst im Bereich eines der unterirdischen Bahnhöfe deutlich: Hier gibt es zwei Gleise nebeneinander, Rangiermöglichkeiten und mehrere abgehende Tunnel mit viel größeren Querschnitten. Es öffnet sich ein wahres Labyrinth im Untergrund, das Abenteurer, aber auch Vandalen anzieht – wie zahlreiche Graffitis zeigen. Leider ist das inzwischen ein normaler Zustand in verborgenen Liegenschaften.

Nach mehreren Stunden im Untergrund versteht man erst richtig, welch sinnloser Aufwand hier vor fast 90 Jahren betrieben wurde. Doch halt – die Fledermäuse haben dadurch knapp zwei Autostunden von Berlin entfernt ein einmaliges Winterquartier erhalten. Auch das darf als eine gelungene Umnutzung einstiger militärischer Anlagen gelten. *MK*

Die letzte Station des Giganten

»Maus«-Halle in Gut Kummersdorf

Nach dem Krieg kamen die Tiere. Käfer und Enten bevölkerten die Straßen und wurden zu Symbolen des Neubeginns. Die Kosenamen der Autos kamen nicht von ungefähr: Klein, sparsam und unauffällig waren sie – und somit das Gegenteil eines anderen Gefährts, dessen Name auch gut in diese Reihe gepasst hätte: die Maus. Doch die Maus war kein Kleinwagen für den Arbeiter oder kleinen Angestellten. Sie war ein aberwitziges Rüstungsprojekt der NS-Machthaber, eine Art GRÖPAZ – der größte Panzer aller Zeiten.

Länge: 10 Meter, Breite: 3,60 Meter, Höhe: 3,80 Meter, Gewicht: 188 Tonnen, Zylinder: 12, Leistung: 1080 PS. Die »Maus« wäre die Trumpfkarte eines jeden Quartettspiels für Militaristen geworden. In Anbetracht dieser Daten wäre auch der ursprüngliche Name »Mammut«

Unvollendet: Die Maus-Halle in Gut Kummersdorf

durchaus angemessen gewesen. Aber Tarnung war alles. Und so bekam das Projekt neben der Typenbezeichnung »Panzerkampfwagen VIII« einen Decknamen, der so harmlos wie möglich klang: »Maus«.

1941 erhielt Krupp den ersten Planungsauftrag, später wurde noch Ferdinand Porsche hinzugezogen. Als Entwickler des volkstümlichen KdF-Wagens (Kraft durch Freude) wurde er gerade nicht gebraucht, schließlich stand der Angriff auf die Sowjetunion bevor. Hitler rechnete mit schwerstem Gerät auf sowjetischer Seite. Also galt es, alles zu übertrumpfen, was Stalins Armeen zu bieten haben könnten. Der Krieg eskalierte allerdings so schnell, dass die Entwickler nicht mehr hinterherkamen – nicht zuletzt, weil die Produktionsabläufe etwas umständlich waren: Gefertigt wurde der Panzer größtenteils in Spandau, erste Tests wurden im schwäbischen Böblingen durchgeführt. Immer wieder wurden halbfertige Exemplare durchs ganze Reich transportiert, und Ende 1944 existierten gerade einmal zwei Prototypen – zu einem Zeitpunkt also, an dem außer Hitler vermutlich keiner mehr so recht an den »Endsieg« glaubte. Die Rote Armee war schon auf dem Weg in Richtung Berlin, als die finale Erprobung der beiden Prototypen begann – in einer eigens gebauten Halle in der Versuchsstelle für Kraftfahrt in Gut Kummersdorf – kurz »VersKraft neu«.

Aus dem wild gewachsenen Kiefernwald ragt ein Gerippe. Kahler Beton, vom Wetter vernarbt, die Armierungseisen liegen offen. Ein halbrundes Betongewölbe bedeckt einen Teil des Gebäudes, in der eigentlichen Halle fehlt das Dach. Stattliche Bäume sprießen ungehindert in den Himmel. An warmen Sommertagen singen Vögel, Insekten summen, und moosige Teppiche bedecken den Boden, auf dem der todbringende Gigant auf Herz und Nieren geprüft werden sollte. Die »Maus«-Halle steht bis heute – als Ruine. Geländer und Brüstungen fehlen, in den oberen Etagen bläst es heftig. Wer sich trotzdem hinaufwagt, wird mit einem Panoramablick über den Wald belohnt – ein Wald, der die Hinterlassenschaften des Militärs sanft bedeckt.

Dass die Wehrmachtsingenieure die »Maus« gerade an diesem Ort testeten, lag nahe. In Kummersdorf südlich von Berlin experimentierten schon preußische Militärs mit all dem, was anderswo für Tod und Verderben sorgen sollte. Um Kanonen wie die »Dicke Bertha« zu testen, wurde

Vorige Doppelseite: Am Stahlbeton hat die Zeit ihre Spuren hinterlassen

Statement: Auch nach Kummersdorf kamen Sprayer

zu Kaisers Zeiten eine zwölf Kilometer lange Schneise als Schießbahn in den einst königlichen Forst geschlagen. Sogar eine 1:1-Kopie französischer Forts wie in Verdun entstand – nur um sie zu Testzwecken wieder dem Erdboden gleich zu machen. Zeitweise war Kummersdorf das größte militärische Versuchsgelände Deutschlands. Sogar in den Unterlagen des brandenburgischen Amtes für Denkmalpflege ist von einem »Laboratorium des Teufels« die Rede. Dass ein Ort wie dieser unter der NS-Diktatur noch an Bedeutung gewann, überrascht nicht. Nach 1933 wurde in Kummersdorf mit Raketentreibstoffen ebenso experimentiert wie mit Uranwürfeln – und mit Fahrzeugen wie der »Maus«.

Fertig gestellt wurde die Halle nie. Sie blieb ein Fragment, so unvollendet und unausgereift wie das ganze Projekt. Denn die »Maus« wurde zu einem Sinnbild einer völlig aus dem Ruder gelaufenen Rüstungspolitik. Sie war Ausdruck eines Systems, in dem Größe und vermeintliche Überlegenheit das Maß aller Dinge waren. Der »Maus« selbst wäre dies im Kampfeinsatz zum Verhängnis geworden. Mit ihrem 188 Tonnen hätte sie keine Brücke passieren können, für den Eisenbahntransport wären Spezialwaggons nötig gewesen, die wiederum durch kaum einen Tunnel gepasst hätten. Die »Maus« hätte vermutlich aus eigener Kraft an die Front schleichen müssen, anders kann man die angepeilte Höchstgeschwindigkeit von 20 Stundenkilometern kaum bezeichnen – und die wurde nicht einmal erreicht. Die »Maus« wäre weniger ein Fahrzeug für den Kampfeinsatz als ein langsam rollender Bunker gewesen – den man im Falle eines schnellen Rückzugs hätte aufgeben oder sprengen müssen. Dass der Benzinverbrauch exorbitant war, braucht nicht weiter erwähnt zu werden. Alles in allem wirkt die »Maus« so absurd wie die vermeintlichen Wunderwaffen des Diktatoren-Helfers Gorbitsch in Charlie Chaplins brillanter Hitler-Satire »Der große Diktator«.

Luftig: Die oberen Stockwerke der Maus-Halle

Damit die beiden Prototypen des Panzerkraftwagens VIII mit den Typenbezeichnngen 205/1 und 205/2 nicht dem Feind in die Hände fielen, wurden sie 1945 gesprengt. Die Sowjets packten die Trümmer ein, ein Exemplar wurde später teilweise rekonstruiert. Heute ist es das Prunkstück des Panzermuseums Kubinka bei Moskau.

In Kummersdorf wurde nach 1945 nicht mehr geforscht und getestet. Die Gruppe der Sowjetischen Streitkräfte in Deutschland (GSSD) nutzte Teile des Areals als Kaserne für ihre 64. Mobile Brigade. 1994 verließen die letzten Soldaten das Gelände, zurück blieb eine gigantische Altlast mitten im Wald. Auf dem brüchigen Beton verblassen ein paar Inschriften in kyrillischer Schrift und Graffiti. Unter den letzten Besuchern waren wohl auch antikapitalistische Corona-Skeptiker: »Dirty water kills more people than Covid« steht auf eine Backsteinwand. Wie es mit dem Grundwasser unter dem Gelände aussieht, will man nicht so genau wissen. Im Gestrüpp liegen poröse Benzinschläuche, aus dem Boden ragen die Öffnungen gigantischer Dieseltanks. Denn die Flächen rund um die Halle des Kampfpanzers, der schon wegen seines absurd hohen Benzinverbrauchs in der Praxis gescheitert wäre, nutzten die Sowjets auf fast schon ironische Weise: als Treibstofflager. *AS*

Die geheime Benzinfabrik in Pommern

Hydrierwerk Pölitz

Immer dichter und undurchdringlicher wird der Wald bei Pölitz nördlich von Stettin nahe der Oder. Nicht weit entfernt mündet der Strom nach knapp 900 Kilometern ins Oderhaff, bevor er sich später mit dem Wasser der Ostsee mischt. Entlang des Flusses, der heute über eine weite Strecke die Grenze zwischen Deutschland und Polen bildet, finden sich noch viele bauliche Zeugnisse der jüngeren Geschichte. Doch die gespenstisch wirkenden Ruinen, auf die man hier nach einigen Hundert Metern Fußweg durch den Wald stößt, stellen etwas ganz Besonderes dar. Ihre Größe wirkt geradezu erschreckend, übertrifft sie doch die verlassener

Treibstoff für den Krieg: Ruinen des vergessenen Hydrierwerks

Kasernen oder aufgelassener Flugplätze, die man ansonsten als Relikte der NS-Zeit entdecken kann, um ein Vielfaches. Denn die riesigen Stahlbetonskelette sind die Überreste eines der größten Hydrierwerke Europas.

Im Rahmen der Kriegsvorbereitungen, die das nationalsozialistische Regime in den 1930er-Jahren traf, wurde nach Alternativen zur Herstellung von Treibstoffen für die Rüstungsindustrie und die Kriegsmaschinerie gesucht. Bis dahin war das Deutsche Reich von Erdöl abhängig, das zu großen Teilen aus dem Ausland importiert werden musste. Der Unternehmenszusammenschluss I.G. Farben hatte bereits ab 1925 ein kompliziertes Verfahren zur synthetischen Herstellung unter anderem von Kraftstoff aus Kohle entwickelt. Auf dieser Grundlage wurden nun sogenannte Hydrierwerke errichtet.

Die I.G. Farben zeichnete sich auch für die Errichtung des Hydrierwerks Pölitz verantwortlich. 1937 begannen die Bauarbeiten, und bereits drei Jahre später – mit dem Überfall auf Polen hatte das NS-Regime inzwischen den Zweiten Weltkrieg angezettelt – konnte die Produktion schrittweise aufgenommen werden. Zwischen 1940 und 1945 wurde hier aus Kohle Treibstoff hergestellt, allein 577.000 Tonnen im Jahr 1943. Letztlich lieferte das Werk bei Stettin 15 Prozent der synthetischen Kraftstoffe, die die Wehrmacht benötigte. Die erforderliche Stein- und Braunkohle wurde vornehmlich über die Oder aus dem oberschlesischen Revier angeliefert.

Suchbild: Ein-Mann-Bunker vor Bunker

Nach Kriegsbeginn geriet der Industriekomplex bald ins Visier der Alliierten, die ab 1940 insgesamt 14 Luftangriffe auf das Hydrierwerk flogen. Doch die entstandenen Schäden an den Gebäuden und Installationen konnten rasch behoben werden, die Produktion lief weiter.

Bei der Beseitigung der Bombenschäden, aber auch bei der Produktion

Skelettbauweise: Massive Pfeiler in einem der Produktionsgebäude

und den Ausbauarbeiten kamen Tausende Zwangs- und Fremdarbeiter zum Einsatz. Nur durch die brutale Ausbeutung der hierher Deportierten konnte die Produktion bis 1945 aufrechterhalten werden. Etwa 30.000 Menschen wurden aus von der deutschen Wehrmacht besetzten Ländern verschleppt, um in Pölitz zu arbeiten. Sie wurden täglich aus mehreren Lagern zum Hydrierwerk getrieben. Das rund 1.500 Hektar große Areal, auf dem sie arbeiteten, war in mehrere Zonen unterteilt, die teilweise mit Stacheldrahtzäunen voneinander getrennt waren. Aufgrund der miserablen Bedingungen bei Unterbringung und Verpflegung sowie der teils extrem gefährlichen Arbeit überlebten nahezu 13.000 Menschen die Zwangsarbeit im Hydrierwerk nicht.

Nach dem letzten Luftangriff mit mehreren Hundert alliierten Bombern Anfang 1945 musste die Produktion eingestellt werden. Im April 1945 eroberte die Rote Armee die Gegend. Wenig später wurden alle

Folgende Doppelseite: Hier besteht akute Einsturzgefahr

Tunnellabyrinth: Gänge im Bereich der Lagersilos

noch funktionsfähigen technischen Anlagen demontiert und als Reparationsleistung in die Sowjetunion verbracht. Gemäß der neuen Grenzziehung, auf die sich die Alliierten im August des Jahres auf der Potsdamer Konferenz einigten, lag Pölitz fortan auf polnischem Staatsgebiet. Das Areal des einstigen Hydrierwerks diente zunächst der polnischen Armee als Trainingsgelände und wurde dann verlassen.

Heute mahnen die Ruinen an die unselige Zeit, in der das nationalsozialistische Deutschland Europa zu unterjochen versuchte. Den Besucher erwarten Produktionsgebäude, von der Natur weitgehend zurückeroberte Hallen und Tankanlagen, in denen die fertigen Treib- und Kraftstoffe und Zwischenprodukte kurzzeitig eingelagert wurden. Insgesamt bietet sich ein geradezu surreales Bild. Über das ganze Gelände verteilt findet man auch sogenannte Werkluftschutzanlagen unterschiedlicher Größe, die im Fall eines Luftangriffs aufgesucht werden konnten – allerdings nicht von den Zwangsarbeitern: Ihnen war der Zutritt zu den Schutzräumen untersagt.

Informationstafeln erläutern kurz und knapp die Funktion einiger Ge-

Linke Seite: Durch den Rückbau der Silos sind viele Schäden entstanden

Ein-Mann-Bunker: Schutz für das Wachpersonal bei Luftangriffen

bäude. Doch viele Bauten sind so dicht von Grün überwuchert, dass sie kaum noch zugänglich sind. Das gesamte Areal wirkt wie ein riesiger Tummelplatz für Abenteurer und Entdecker.

Findet man den Weg bis zum hinteren Ende des Waldes, gelangt man zu einem inzwischen teilweise gewerblich genutzten Grundstück sowie zum einstigen Verwaltungsgebäude des Werks und zu zwei oberirdischen Bunkern. Hier unterhält ein privater Verein eine Ausstellung zur Geschichte des Geländes. Im Sommer werden an den Wochenenden Führungen organisiert. An den Standorten der einstigen Internierungslager erinnern Gedenkzeichen und ein Mahnmal an die deutschen Verbrechen in der NS-Zeit. *MK*

Die Ausbildungsbasis der Fallschirmspringer

Flugplatz Alt-Daber bei Wittstock

Auch wenn die Schritte mal kürzer und mal länger ausfallen, wer hier mitzählt, braucht Geduld. Tausend, tausendfünfhundert, zweitausend – zweitausendfünfhundert Schritte sind es schließlich, wenn man am Ende der betonierten Start- und Landebahn auf dem inzwischen teilweise zurückgebauten ehemaligen Fliegerhorst Wittstock angekommen ist. Ein ordentlicher Marsch, wie ihn schon die Nationalsozialisten mochten.

Heute spiegeln sich die Sonnenstrahlen auf den Solarkollektoren, die in den vergangenen Jahren zu Tausenden auf und neben der einstigen Start- und Landebahn errichtet wurden. »Betreten verboten!«-Schilder versuchen, ungebetene Gäste fernzuhalten. Doch die Neugierde ist bei vielen Besuchern einfach zu groß. Verlassene Militärareale umgibt bis in die Gegenwart zu viel Geheimnisvolles. Zahlreiche Bauten des Fliegerhorstes einige Kilometer nördlich von Wittstock wurden in den vergangenen Jahren abgerissen, doch viele der verbliebenen Gebäude erinnern noch immer an die Zeit des NS-Regimes. Mit ihren Klinker-

Flugzeugdeckungen: Nach den Nazis bauten die Sowjets eigene Bunker

23

22

Schöner wohnen: Siedlung für die sowjetischen Militärs und ihre Familien

fassaden heben sie sich deutlich von den später von den Sowjets errichteten Gebäuden ab.

Mit dem Friedensvertrag von Versailles endete 1919 offiziell der Erste Weltkrieg. Für die rechten, konservativen Kräfte im Deutschen Reich war es ein »Schandfrieden«, dessen Bestimmungen man früh zu unterlaufen versuchte. Eine Schlüsselstellung bei der verdeckten Aufrüstung kam dabei dem Ausbau einer modernen Luftwaffe zu.

1934 wurde in Alt-Daber zunächst ein Segelflugplatz eingerichtet, einige Jahre später erfolgte dann der Ausbau zu einem Fliegerhorst der nationalsozialistischen Luftwaffe. Ab 1938 entstanden in zweiter Reihe hinter den riesigen Flugzeug- und Wartungshallen zahlreiche Kasernen- und Funktionsbauten. Ein knapp 700 Meter langes Gebäude, das sich hinter den Ausbildungsgebäuden erstreckte, stellte eine weitere Besonderheit dar. Hier wohnten die angehenden Soldaten nicht nur,

Vorige Doppelseite: Hier sollten die Flugzeuge vor Bomben geschützt werden

hier lernten sie auch ihr militärisches »Handwerk«. 1939 wurde der Fliegerhorst Wittstock zum Standort der Fallschirm-Schule 2 bestimmt. Im Verlauf des Krieges wechselten die Namen und Einrichtungen mehrfach.

Das Ende des Zweiten Weltkrieges bedeutete noch lange nicht das Ende der militärischen Nutzung. Einheiten der Roten Armee übernahmen den gut ausgebauten, modernen Komplex. Bis zum Abzug der russischen Truppen 1994 wurde der Standort von unterschiedlichen Jagdfliegereinheiten genutzt und immer wieder ausgebaut. Seit der Einführung des hochmodernen Kampfflugzeugs MiG-29 diente Wittstock der sowjetischen Besatzungsmacht in der DDR als einer der Vorzeigeplätze.

Dank der Umwandlung weiter Teile des Geländes in einen Solarpark blieben hier, wie nur an wenigen anderen ehemaligen Militärflugplätzen, zahlreiche Gebäude stehen: Bogendeckung und Lagerbunker der sowjetischen Luftstreitkräfte auf der einen Seite, Flugzeughallen aus Backstein aus der nationalsozialistischen Ära auf der anderen Seite. Selbst die Plattenbausiedlung für die Familienangehörigen der sowjetischen Offiziere ist erhalten. Heute ist sie ein begehrtes Motiv für Fotografen und Abenteurer.

Lichtspiele: Flur in der Kaserne und Sporthalle

Selbst imposante Bunkeranlagen gibt es hier noch. Etwa ein ehemaliges Sonderwaffenlager, in dem zeitweilig auch Nuklearwaffen für einen Einsatz ge-

Abgebrannt: Autowrack vor einem ehemaligen Lagergebäude

gen die Nato-Truppen gelagert wurden – zu dem es zum Glück nie kam. Es blieb beim »kalten« Krieg zwischen den einstigen Verbündeten im Kampf gegen das nationalsozialistische Deutschland. Das jahrzehntelange Wettrüsten mit immer neuen, noch schlagkräftigeren Waffen führte aber dazu, dass die bauliche Infrastruktur immer wieder erneuert werden musste. Auf dem riesigen Gelände des alten Fliegerhorstes Wittstock kann man noch heute auf Spurensuche gehen. Hier hat sich die Zeitgeschichte in Beton manifestiert.

Das Solarfeld zur friedlichen, ökologischen Energieerzeugung stellt daneben eine sinnvolle Nachnutzung dar. Nicht Schwerter zu Pflugscharen, sondern grüne und saubere Energie statt Krieg und Militarismus. *MK*

Die geheime Fabrik der Menschenschinder

Schickert-Werke Bad Lauterberg

Die Wege enden zwischen struppigen Wiesen und wild wucherndem Gebüsch. Hier fährt niemand mehr – es sei denn, man möchte illegal Sperrmüll entsorgen. Doch die Wege ins Nichts sind Spuren in die Vergangenheit. In eine Zeit, in der auf den heute brüchigen Betonplatten reger Werksverkehr herrschte und Hunderte von Menschen auf dem Weg zur Arbeit waren. Zu einer Arbeit, die sie nicht immer freiwillig antraten. Denn die Wege gehören zu den letzten Resten einer gigantischen Fabrik, die fester Teil des NS-Systems aus Aufrüstung und Zwangsarbeit war: der Schickert-Werke in Bad Lauterberg im Harz.

Hermann Göring persönlich hatte den Bau angeordnet. Wie so oft fungierte auch hier das Regime als Großunternehmer: Nicht nur beim Volkswagenwerk in Wolfsburg oder den Hermann-Göring-Werken in

Der letzte Rest: Das Verwaltungsgebäude der Schickert-Werke

Schmiedeeisen vor Graffitti: Das Treppenhaus

Salzgitter griffen die NS-Machthaber direkt in die Marktwirtschaft ein, wenn es darum ging, strategische Ziele umzusetzen. Um zumindest den Schein des zivilen Unternehmertums zu wahren, trat in Bad Lauterberg nach außen ein privater Industrieller auf – der Münchner Otto Schickert. Seine Firma war freilich eine Tochtergesellschaft der Elektrochemischen Werke München (EMW) und somit tief im braunen Filz verwurzelt: EMW-Mitbegründer Albert Pietzsch war nicht nur Schwiegervater von Otto Schickert, er gehörte auch zu den ältesten Kämpfern aus Hitlers Münchner Dunstkreis. Schon beim Auftakt des Hitlerputsches 1923 im Bürgerbräu-Keller war der studierte Maschinenbauer zugegen, zu seinen Freunden zählten Leute wie Heß, Darré und Strasser. Man kannte sich also.

In Bad Lauterberg ging es um Antriebsstoffe, die das NS-Regime gleich für mehrere militärische Projekte benötigte: 85-prozentiges Wasserstoffperoxid sollte sowohl die Triebwerke der V2 als auch U-Boot-Turbinen und Torpedoaggregate befeuern, außerdem sollte es als Starthilfe für Flugzeuge eingesetzt werden. Und da alles der Kriegsvorbereitung diente, wurde statt der chemisch korrekten Formel H_2O_2 ein Tarnname verwendet: In Bad Lauterberg wurde »T-Stoff« hergestellt. Von »einem der bestgehüteten Geheimnisse des Zweiten Weltkriegs« spricht der Historiker Hans-Heinrich Hillegeist. Auch für das Werk selbst gab es einen Geheimcode, den man eher in einem billigen Agenten-Thriller vermuten würde: »Anlage Z«. Die Strategie ging offenbar auf: Nach Kriegsende erklärte ein alliierter Offizier, dass man die Anlage wohl dem Erdboden gleichgemacht hätte, wenn man von ihrer Bedeutung gewusst hätte.

Für 70 Millionen Reichsmark aus der Staatskasse wurden zwischen 1941 und 1944 rund hundert Gebäude errichtet. Wenn man sich alte Aufnahmen ansieht, kommt man nicht auf die Idee, dass die alle einmal auf dieser Wiese am Rande des Odertales standen. Kernstück der Anlage waren fünf baugleiche Produktionshallen, die unabhängig voneinander in Betrieb gehen konnten. Und da der Platz in Bad Lauterberg begrenzt war, begann 1942 der Bau eines Zweigwerks im rund 15 Kilometer entfernten Rhumspringe. In Betrieb ging dieses allerdings nie.

Im Bad Lauterberger Werk hingegen produzierten über 1.000 Menschen Treibstoffe für U-Boote und Flugzeuge. Über 500 davon waren nicht freiwillig in den Harz gekommen – vor allem nicht die rund 130 Ostarbeiterinnen und Ostarbeiter. Für sie war die Arbeit am härtesten, Fremdarbeiter aus westlichen Ländern genossen noch gewisse Privilegien. So beschreibt der Niederländer Frits Winkelmolen in einem Aufsatz der Geschichtswerkstatt Göttingen, dass er nach Beschwerden über die unerträglichen Arbeitsbedingungen weniger belastende Aufgaben bekam. Russen oder Polen dagegen mussten sie weiter aushalten. »Viele aus der Gruppe können die Luft in der Produktionshalle nicht ertragen, die Flüssigkeit und das Pulver greifen die Haut an, der chemische Stoff dringt sogar durch die Arbeitsanzüge aus Gummi hindurch«, so Winkelmolen. In manchen Teilen des Werks wurden ausschließlich Ostarbeiter eingesetzt, wie der Zeitzeuge Alex van Heugten beschreibt: »Die Umstände dort müssen fürchterlich gewesen sein. Von diesen Ostarbeitern hat keiner den alliierten Einmarsch erlebt.«

Zumindest im Zweigwerk Rhumspringe hatten die Zwangsarbeiter noch die Gelegenheit, persönlich Rache zu nehmen: Nach der Befreiung 1945 zerstörten sie eigenhändig die fast fertige Fabrik. In Bad Lauterberg übernahmen die Alliierten den Rückbau und demontierten 1947 die Anlage. Dabei beschränkten sie sich darauf, die einst kriegswichtige Technik zu entfernen. Die Hallen selbst wurden noch viele Jahre weiter

Folgende Doppelseite: Tapeten spiegeln Kulturgeschichte wider

Im Stil der Zeit: Arkade aus Buckelquadern

genutzt – ganz zivil von verschiedenen Gewerbebetrieben. Erst Anfang der 1990er-Jahre ebnete man fast alles ein. Ein Relikt aus unliebsamen Zeiten verschwand fast komplett – bis auf ein paar Wege und das Verwaltungsgebäude.

Verloren steht der Bau noch heute am Rande der Durchfahrtsstraße. Unscheinbar wirkt er – es könnte auch ein ehemaliges Hotel oder Kurhaus sein. Doch die vorgebaute Arkade mit den mächtigen Natursteinpfeilern gibt eindeutige Hinweise auf die Entstehungszeit – und im Inneren erinnern nicht nur opulente Treppenhäuser daran, dass der Bau einst für repräsentative Zwecke entstand.

Feucht und modrig ist es hier geworden nach Jahren des Leerstands, in denen sich auch niemand mehr um kaputte Fenster oder undichte Dächer kümmerte. Was einst die Wände bedeckte, hängt in schlappen Bahnen herunter – und gibt spannende Einblicke frei. Wollte man deutsche Kulturgeschichte anhand von Tapeten erklären, fände man hier das perfekte Studienobjekt. Unter der geometrischen Sachlichkeit der westdeutschen Nachkriegsära schält sich großdeutsche Heimatästhetik der NS-Zeit hervor: Die Raumausstatter unterm Hakenkreuz schwelgten in protzigen Jagdmotiven mit Rehgehörn und Auerhähnen.

Bald wird auch die Tapete verrottet sein, auf dem Gelände daneben soll möglicherweise ein Ferienpark entstehen. Auerhähne wird man dort wohl selten sehen. Vielleicht mal ein paar Rehe. Doch bis dahin wächst weiter Gras über die Geschichten von Krieg, Profit und Zwangsarbeit. *AS*

Die Feier- und Weihestätte der Verführer

Thingstätte Annaberg

Tagtäglich rauschen unzählige PKWs, LKWs und Reisebusse an der unspektakulären Raststätte mit gesichtslosen Schnellimbissen und Tankstellen an der polnischen A4 zwischen Gleiwitz und Oppeln vorbei. Doch direkt hinter dem Zaun, zu erreichen durch ein noch unscheinbareres Tor, befinden sich die baulichen Überreste einer der größten Thingstätten, die im Auftrag der Nationalsozialisten errichtet wurden. Mit der Thingbewegung versuchten sie auf einer weiteren Ebene das Volk zu verführen und zu indoktrinieren. Dass man die Baumaßnahmen auch noch als Arbeitsbeschaffungsmaßnahme zur Bekämpfung der hohen Arbeitslosigkeit verkaufen konnte, war ein besonderer Coup der NS-Strategen.

Angelehnt an die Thingversammlungen der mittelalterlichen Germanen

Riesentheater im alten Steinbruch: Die Thingstätte Annaberg

Ohne Zuschauer: Die künftige Nutzung ist noch offen

versuchten die Nationalsozialisten, eine angeblich urdeutsche Tradition wiederzubeleben. Fast 400 Thingstäten sollten im ganzen Reich errichtet werden, fertiggestellt wurden letztlich etwa 60 Anlagen. In einem »völkischen Gemeinschaftserlebnis« unter freiem Himmel sollte jeder Besucher die »Kraft der Volksgemeinschaft« spüren und anschließend in sich nach Hause tragen.

Schon die Anlagen selbst, Amphitheater, die zum Teil mehrere Zehntausend Zuschauer fassen konnten und zumeist in imposante Naturkulissen eingebettet waren, sollten beeindrucken. Veranstaltet wurden Theateraufführungen, politische Kundgebungen sowie »kultische« Feiern zu Erntedank, Sonnenwende usw. mit Aufmarsch, Totenehrung und Thingspiel. Deshalb wurden viele Thingstätten durch »Ehrenmale« für als Helden verehrte Kämpfer ergänzt. So auch am Annaberg, wo es 1921, nach der Volksabstimmung um die staatliche Zugehörigkeit Oberschlesiens, zu bewaffneten Kämpfen zwischen deutschen und polnischen Freischärlern gekommen war. 1934 erfolgte der erste Spatenstich in einem ehemaligen Steinbruch, 1935 begann der Bau eines Ehrenmals auf dem Plateau oberhalb der Bühne, in das die sterblichen Überreste von 50 Freikorpskämpfern eingelassen wurden.

Hat man das Tor an der Raststätte durchschritten, wird das Gelände rasch unwegsamer. Ist man wirklich richtig hier? Doch die Neugier ist zu groß, und so folgt man dem abenteuerlichen Weg scheinbar immer tiefer in den Wald, bis zwischen den Bäumen schließlich das Amphitheater auftaucht. Die »Feierstätte der Schlesier«, so die offizielle Bezeichnung der Thingstätte St. Annaberg, wurde bis 1938 als eine der größten Thingstätten überhaupt errichtet. Die Arbeiten wurden durch Angehörige des Reichsarbeitsdienstes und von Spezialfirmen ausgeführt. Bis zu 50.000 Menschen sollten hier bei Feiern Platz finden. Die 35 Meter hohe Steilwand aus Kalkstein direkt hinter der Bühne wirkt auch heute noch als natürlicher Reflektor des Schalls, so konnten die Zuhörer bis in die letzten Reihen die Vortragenden verstehen. Neben der Bühne befindet sich die kreisrunde steinerne Fahnenkanzel, auf der die Fahnen- und Standartenträger Platz fanden.

Allerdings erwies sich die Thingbewegung als kurzlebig. Die Besucherzahlen in den ersten fertiggestellten Thingstätten waren enttäuschend, schlechtes Wetter stellte ein zu hohes Risiko dar, und vor allem konnte die Volksgemeinschaft durch den Einzug von Rundfunk- und ersten Fernsehgeräten effektiver erreicht und beeinflusst werden. Darum erließ das Reichspropagandaministerium schon 1935 einen Genehmigungsstopp für weitere Thingstätten. Die am St. Annaberg wurde jedoch fertiggestellt und 1938 gemeinsam mit dem Ehrenmal in einer großen Feier am Jahrestag der Erstürmung des Berges und in Anwesenheit zahlreicher Freikorps-Veteranen eingeweiht.

Treppauf, treppab: Platz für tausende Besucher

Diese erste große Veranstaltung blieb anscheinend auch die letzte, ge-

Folgende Doppelseite: Der NS-Bau ist von Bäumen umgeben

Angeblich urgermanisch: Die Thingbewegung wurde ein Misserfolg

nutzt wurde das Amphitheater danach nur noch selten für kleinere Kundgebungen. Das Ehrenmal wurde 1945 von polnischen Truppen gesprengt, die Thingstätte geriet in Vergessenheit.

Nur wenige Besucher verirren sich heute noch in die Anlage, von der sich die Natur Jahr für Jahr ein Stück mehr zurückholt. Wie kann man ein historisch so aufgeladenes riesiges Amphitheater nutzen? Abreißen kann man es nicht. Es dauerhaft sich selbst überlassen? Könnte man es nicht in einen Ort von Begegnung und Austausch der Nationen Europas verwandeln? Denn nur gemeinsam und im steten Austausch kann man über Werte diskutieren, die für alle vertretbar sind. Nur gemeinsam können wir die großen Themen wie Digitalisierung oder Klimawandel bewältigen.

Doch vermutlich bleiben solche Ideen Ideen. Tagtäglich werden weiterhin die PKWs und LKWs vorbeirauschen, und nur die wenigsten werden anhalten, um diese historische Stätte zu besuchen – und vielleicht aus der Geschichte zu lernen. *MK*

Das versteckte Flugzeugwerk im Untergrund

Untertageverlagerung »Malachit«

Das Auto holpert immer weiter auf der Straße aus einfachen, aber zweckmäßigen Betonplatten. In den ostdeutschen Bundesländern weist diese Art der Straßenbefestigung fast immer auf eine einstige militärische Nutzung hin. So ist es auch hier, bei der Fahrt auf die Thekenberge zu, einen Höhenzug bei Halberstadt. Wir sind auf dem Weg zu einem riesigen Stollensystem, geplant und errichtet während des Zweiten Weltkriegs unter dem Decknamen »Malachit«, weiterbetrieben zu DDR-Zeiten als »Komplexlager 12«.

Nachdem es 1940 die ersten Bombentoten in Berlin gegeben hatte, startete auf Befehl Adolf Hitlers im Oktober 1940 ein »Luftschutz-Sofortprogramm«. Bis 1943 wurden rund 2.000 Bunker in über 70 deutschen Städten errichtet, die der Bevölkerung Schutz bieten sollten. Wie aber konnte man die großen Industrieanlagen gegen feindliche Bomben schützen? Sehr schnell kam die Idee auf, besonders kriegswichtige Produktion unter Tage zu verlagern. Man eruierte, welche bestehenden Bergbaustollen man ausbauen und erweitern und wo man neue Stollen auffahren könnte, um ganze Produktionsstätten bombensicher zu betreiben. Arbeitskräfte waren kein Problem, gnadenlos wurden Zwangsarbeiter und KZ-Häftlinge unter schlimmsten Bedingungen zur Arbeit gezwungen.

Gut getarnt: Zugang zu den Stollen

So auch unter den Thekenbergen. Unter Leitung der Organisation

Alles unter Kontrolle: Die einstige Schalt- und Kontrollwarte

Todt entstand ab April 1944 ein weitläufiges Stollensystem, in dem ab dem Sommer 1945 die Junkers Motorenwerke Dessau Teile für Düsenjäger hätten bauen sollen. Bis zur Einstellung der Arbeiten Mitte April 1945 wurden über zwölf Kilometer Stollen fertiggestellt und 400.000 Kubikmeter Gestein aus dem Weg geräumt – vor allem von den Häftlingen des Konzentrationslagers Langenstein-Zwieberge. Fast 70.000 Quadratmeter Fläche waren freigeräumt, auf 2.500 Quadratmetern wurde bereits produziert.

Auch nachdem man am Ende des Plattenweges die einstige Wache passiert hat, ist noch kein Zugang zum Stollensystem in Sicht. Erst nach einigen hundert Metern durch die sogenannte Nachtigallenschlucht steht man plötzlich vor einem imposanten Tor. Wir schalten die Taschenlampen ein und gehen los. Riesige Tunnel reihen sich an große Hallen und Räume. Und auf dem Boden findet man ab und zu Papierschnipsel, Reste von Geldscheinen der Mark der DDR.

Denn Jahrzehnte später sollten die Stollen unter den Thekenbergen noch einmal auf unerwartete Weise genutzt werden. Nach Kriegsende hatten die Sowjets technische Einbauten demontiert und die Stollen durch kleine Sprengungen unbrauchbar gemacht. 1976 aber erinnerte sich die

Verladerampe: Hier wurden LKWs und Züge abgefertigt

Nationale Volksarmee der DDR der bombensicheren Tunnel und begann, sie, finanzbedingt allerdings nur etwa die Hälfte, zu einem von fünf »Komplexlagern« auszubauen. Seit 1984 lagerten hier im »KL-12« Waffen, Kleidung, Munition, Lebensmittel und was sonst alles im Ernstfall gebraucht werden würde. Atombombensichere Drucktore sicherten einen Zugang zum Personalbereich, der auch über Dekontaminationsduschen, Wasserfilteranlagen und eine aufwändige Lüftungsanlage verfügte.

1990 fiel das Tunnelsystem an die Bundeswehr, die es nicht nur als Luftwaffen-Materialdepot 52 weiternutzte – sondern auch als »Geldanlage«. Mit der Währungsunion am 1. Juli 1990 war die Mark der DDR ungültig geworden, und kostenbewusst entschied man sich, die überflüssig gewordenen Geldscheine einzulagern, mit Kies und Sand zu vermischen, zu vermauern und dem Verrotten zu überlassen. 620 Millionen Banknoten wurden im Laufe des Jahres 1990 im »Komplexlager 12« eingelagert. Doch die Stollen erwiesen sich als zu kalt, die Scheine blieben heil. Als aber immer mehr Geldscheine in Sammlerbörsen auftauchten – anscheinend waren Schatzsucher durch die großen Lüftungs-

Folgende Doppelseite: Über 10 Kilometer erstrecken sich die Stollen

Bombensicher: Übergang vom ausgebauten zum unausgebauten Bereich

rohre aus DDR-Zeiten in die Stollen gelangt –, holte man die Banknoten im Jahr 2002 wieder aus dem Berg und vernichtete sie in einer Müllverbrennungsanlage. Da aber war die militärische Nutzung der einstigen Untertageverlagerung »Malachit« schon längst Geschichte. Seit 1995 befindet sich die Stollenanlage in Privatbesitz.

An das Schicksal der hier bei den Bauarbeiten eingesetzten Zwangs- und Fremdarbeiter erinnert seit 1976 eine offizielle Gedenk- und Mahnstätte. Im Bereich der Massengräber für die 772 vor Ort ums Leben gekommenen Menschen wurden mehrere Gedenk- und Informationstafeln aufgestellt. Knapp 10.000 Arbeitskräfte aus 23 Nationen wurden insgesamt in der knapp einjährigen Bauzeit hierher verschleppt und für die unterschiedlichen Bauarbeiten eingesetzt. Auch beim Bau der Untertageverlagerung »Malachit« galt das perfide Prinzip der »Vernichtung durch Arbeit«.

An wenigen Terminen im Jahr ist außerdem ein kleiner Blick in einen der unterirdischen Gedenk-Stollen möglich. Die schiere Größe dieser unterirdischen Tunnelwelt und das Schicksal der Zwangsarbeiter macht auch heute alle Besucher sprachlos. Doch der Erhalt dieser Bauten ist wichtig. Denn wie und wo kann man besser geschichtliche Zusammenhänge erklären als an authentisch erhaltenen Orten? *MK*